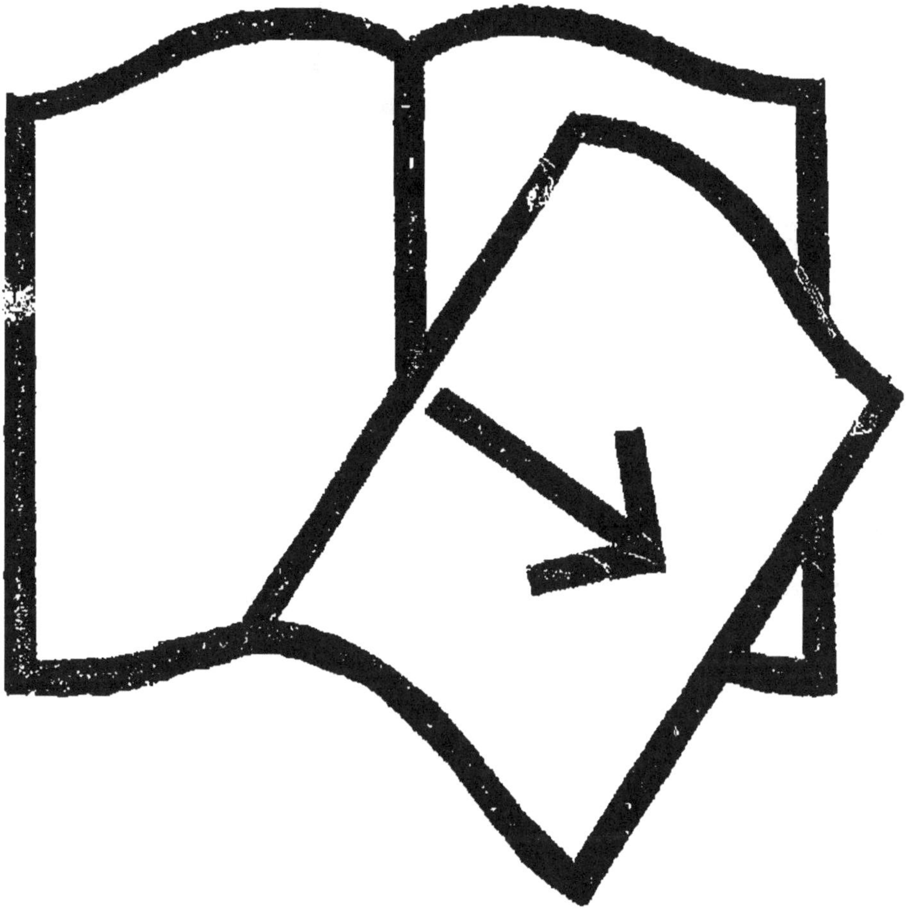

Couverture inférieure manquante

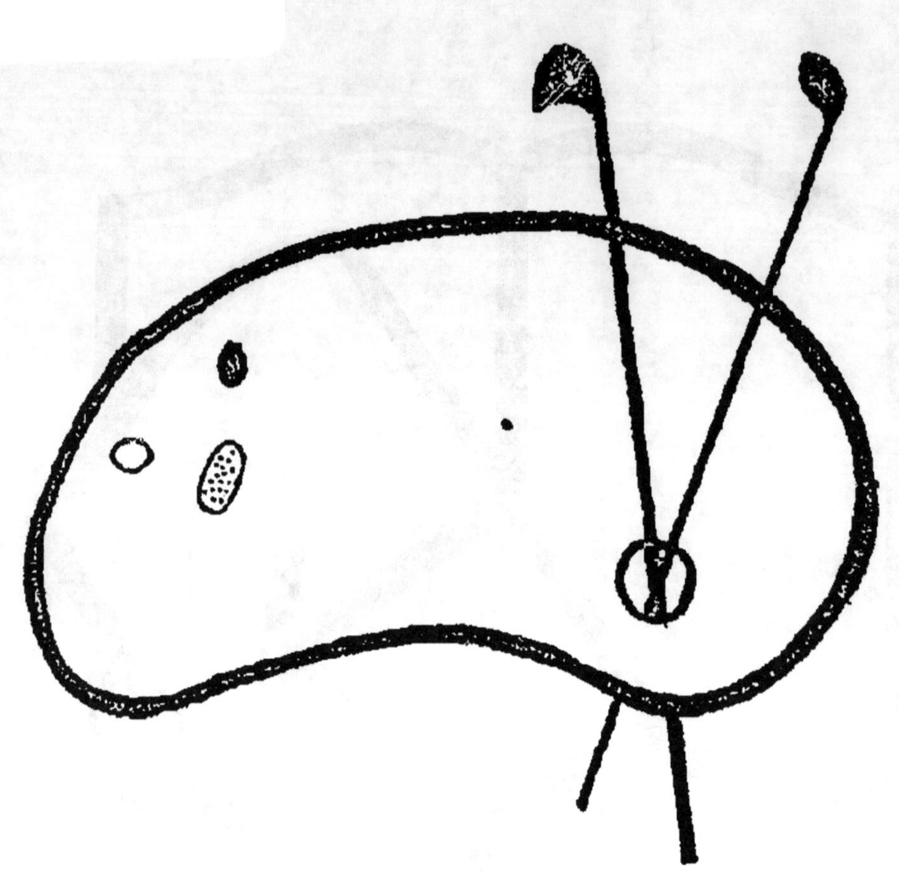

F. PREVOST.

LA TUNISIE

DEVANT L'EUROPE

> .... Nous ne reconnaissons qu'un seul droit : c'est celui qu'ont les peuples de s'appartenir. Celui-là, nous ne le contestons pas.
>
> (S. Exc. M. Billault, ministre sans portefeuille. Discours du 12 mars 1862, au Corps Législatif)

PARIS

E. DENTU, LIBRAIRE-ÉDITEUR,

GALERIE D'ORLÉANS, 13 ET 17, PALAIS-ROYAL

1862

LA TUNISIE

DEVANT L'EUROPE.

SOMMAIRE

F. PREVOST.

LA TUNISIE

DEVANT L'EUROPE

.... Nous ne reconnaissons qu'un seul droit : c'est celui qu'ont les peuples de s'appartenir. Celui-là, nous ne le contestons pas.

(S. Exc. M. Billault, ministre sans portefeuille. Discours du 12 mars 1862, au Corps Législatif.)

PARIS

E. DENTU, LIBRAIRE-EDITEUR,

GALERIE D'ORLÉANS, 13 ET 17, PALAIS-ROYAL

1862

LA TUNISIE

DEVANT L'EUROPE

.... Nous ne reconnaissons qu'un seul droit : c'est celui qu'ont les peuples de s'appartenir. Celui-là, nous ne le contestons pas.
(S. Exc. M. Billault, ministre sans portefeuille. Discours du 12 mars 1862, au Corps Législatif.)

I

Ce n'est pas sans un profond sentiment de douleur qu'en interrogeant l'histoire on retrouve la trace glorieuse de nations jadis puissantes et prospères, aujourd'hui disparues et anéanties. Devant ce spectacle plein de tristesse, la pensée se porte involontairement vers l'avenir, et l'on se demande, avec une légitime émotion, si tel est aussi le sort réservé à ces magnifiques cités modernes, centres immenses et splendides, d'où rayonnent vers les points les plus reculés des empires, les progrès incessants des sciences, des arts et les conquêtes de la civilisation. Est-ce une loi de l'humanité qui condamnerait ses entreprises les plus fécondes à n'avoir qu'une éphémère existence? Après avoir brillé d'un vif éclat, le génie d'une nation devrait-il fatalement s'éclipser, puis s'éteindre? L'homme, enfin, serait-il destiné à recommencer, sans cesse, après quelques générations, l'œuvre de ses pères au lieu de la continuer et de la développer?

Ce n'est pas sans effroi qu'il faudrait admettre, comme une vérité absolue, dans l'existence des nations, cette fatalité illogique et désespérante; et, dans ces cataclysmes, dont l'histoire reconnaît quelquefois les causes, mais sans les expliquer ni les justifier, il est sans doute préférable de ne voir qu'un effet de la défaillance humaine contre laquelle il est au moins permis de nourrir le consolant espoir de prémunir les générations futures.

Lorsque ces bouleversements qui décident du sort d'une nation la précipitent du faîte de sa grandeur et de sa prospérité, pour la plonger dans les ténèbres de l'oubli, un peuple, une race peuvent disparaître, et, avec eux, leurs institutions, leur religion, leurs lois, leurs traditions, leur commerce et leur industrie ; mais les dons naturels restent : si la position offrait des avantages, elle sera toujours bonne ; si le sol était fertile, il pourra rester improductif faute de culture, mais il ne deviendra pas aride et stérile. Et alors, quel que soit le nombre d'années ou de siècles écoulés, un jour viendra où un homme, surgissant au milieu des ruines, reconnaîtra les vestiges de cette antique splendeur, et réunissant, par le sublime effort d'une énergique volonté, les éléments de prospérité dont il aura saisi les indices, cherchera à renouer la chaîne des temps et à reconstituer une nation nouvelle aux lieux où florissait l'ancienne.

Ce jour est arrivé pour l'Etat qui fait l'objet de cette étude.

Où resplendit jadis Carthage, il nous sera donné de voir renaître grande et forte la Tunisie, si les puissances européennes savent l'encourager dans la voie où la pousse le Prince qui veille à ses destinées. « Pour rendre à ce territoire l'éclatante prospérité dont » il jouissait dans les siècles passés, dit un éminent écrivain italien (1), il ne manque que la volonté de l'homme. »

II

Au nombre des faits politiques qui se sont déroulés pendant l'année dernière, il en est un qui, pour avoir glissé peut-être un peu inaperçu au milieu des préoccupations européennes, et parmi le flot de nouvelles que chaque jour apporte, n'est certainement ni le moins grave ni le moins intéressant. Il s'agit de la réforme radicale accomplie à Tunis et de la Constitution octroyée par le Souverain actuel, Mohammed-el-Sadok, continuant l'œuvre ébauchée par son frère et prédécesseur Mohammed.

(1) Dott. Carlo Cattaneo : *il Politecnico*, repertorio mensile, fascicolo 68 ; Milan, février 1862. Article : *Il regno di Tunisi e l'Italia.*

Plusieurs journaux ont mentionné ce document important et en ont fourni une analyse plus ou moins complète, en donnant, à cette occasion, au Prince réformateur des éloges mérités; mais cette publication n'a pas laissé, tout en donnant à ceux qui l'ont parcourue un vif sentiment de satisfaction, d'exciter en même temps un certain étonnement dans leur esprit.

A quoi faut-il donc attribuer un pareil résultat, lorsqu'il semble que, devant cette œuvre aussi remarquable qu'inattendue, l'éloge seul pût trouver à s'exercer? Cela tient, il faut bien le dire, à une erreur que la distance a pu faire naître, mais que la connaissance imparfaite de l'Orient, et aussi les fautes du gouvernement ottoman, considéré comme type du pouvoir musulman, n'ont pas peu contribué à propager. Ainsi, pour ne relever que l'opinion généralement professée autour de nous, on s'imagine en France que la religion musulmane est, par sa nature même, par ses principes et ses maximes, aussi bien que par les idées qu'elle inculque dans l'esprit de ses croyants, un obstacle au développement de la civilisation européenne parmi les populations musulmanes. A notre avis, c'est une erreur ; mais il est impossible de ne pas reconnaître que cette erreur, très excusable devant les faits, s'est répandue d'elle-même, sans mauvaise foi comme sans passion de la part de ceux qui l'ont soutenue, car rien dans la conduite du gouvernement de la Sublime-Porte n'est de nature à la combattre. Il ne faut donc pas s'étonner que tous les gouvernements mahométans, quoique non solidaires, aient pourtant participé, selon les idées reçues en Europe, à la défaveur qui s'attachait à la Turquie, et qui n'est pas une des moindres causes — et un effet tout à la fois — de son affaiblissement et de sa position précaire.

Il appartenait à un Prince musulman de justifier sa religion du reproche immérité de s'opposer à tout progrès, à toute réforme ; et il ne pouvait le faire plus efficacement ni plus utilement qu'en se déclarant le promoteur avoué, direct, spontané, d'une réforme qui, par son seul énoncé, constitue déjà un progrès.

Telle est l'œuvre qu'a entreprise le Souverain actuel de Tunis, œuvre dont il poursuit avec ardeur la réalisation, et dont ses efforts persévérants ne peuvent manquer d'assurer le succès.

Tout le secret de ce succès, c'est que Mohammed-el-Sadok a su découvrir, dans les livres saints, les règles éternelles et immuables de la morale et de l'équité. De même que la vérité est une, tandis que l'erreur est multiple, de même, lorsqu'une religion, quelle qu'elle soit, emprunte et s'approprie des principes de morale pour les inscrire au nombre de ses préceptes, elle ne peut rencontrer que des principes déjà en honneur dans d'autres religions; car, s'il en était autrement, ce qu'elle adopterait ne pourrait plus être rangé parmi les principes d'équité et de morale. Aussi, le Prince réformateur de Tunis se trouve-t-il d'accord avec toutes les croyances religieuses de l'Europe lorsqu'il place son œuvre sous l'invocation du Prophète, et qu'il rappelle les paroles divines :

« O David ! je t'ai fait mon Calife sur la terre ! juge les hommes » d'après la justice, et ne te laisse pas guider par la passion, car » elle t'éloignerait de la voie de Dieu ! »

C'est en s'inspirant de ces sentiments, en évitant avec soin de s'écarter des préceptes de morale communs à toutes les religions, que ce Prince est arrivé, comme conséquence logique, à inscrire dans son Code nouveau les garanties les plus larges, et des droits très libéraux dont beaucoup de peuples se contenteraient, même en Europe.

Nous ne connaissons pas de plus sages maximes que celles qui lui servent de règle dans cette œuvre ardue et difficile, au moyen de laquelle il doit secouer les vieux préjugés pour installer solennellement à leur place le droit, la raison et la justice.

Les détails dans lesquels nous entrerons en examinant les dispositions du nouveau *Code politique et administratif de la Tunisie* justifieront, nous l'espérons, cette appréciation.

III

Après avoir subi, dans les temps modernes, les plus grandes vicissitudes sous le rapport de son existence politique et matérielle, la Tunisie, tour à tour soumise par Barberousse et Charles-Quint, par les Algériens et les Turcs, a pu se relever sous le gouvernement de ses beys et arriver même à un haut degré de prospérité et de civilisation. C'est à la puissance souveraine, sagement exercée et conservée, par droit héréditaire, dans la famille Husseinite, qu'on doit la transformation complète de cette partie de l'Afrique. Dès 1846, le bey Ahmet vint en Europe étudier nos institutions politiques et visiter nos grands établissements industriels, avec l'intention d'en doter son pays ; il puisa en France et en Angleterre de féconds et précieux enseignements propres à lui tracer la route des améliorations qu'il voulait inaugurer dans ses États et pour l'intérêt de son peuple.

La mort vint le surprendre au milieu de ses projets de régénération politique, et son successeur le bey Mohammed, son cousin, marcha résolûment et fidèlement sur ses traces : une charte constitutionnelle à laquelle il donna le nom de « PACTE FONDAMENTAL, » fut spontanément octroyée par lui le 20 moharrem 1274 (juin 1857) ;

cette charte contient, en germe, les éléments des institutions les plus libérales ; elle devait recevoir son application dans un *Code politique et administratif*, son corollaire naturel ; mais il n'était pas donné à Mohammed de jouir de son œuvre ; sa mort, en la laissant inachevée, délégua à son frère, le Prince Mohammed-el-Sadok, le soin de mener à bonne fin cette entreprise, dont la partie la plus ardue et la plus laborieuse restait à formuler.

Cher à la population Tunisienne qui avait déjà su apprécier les qualités de son cœur et de son esprit, Mohammed-el-Sadok donnait, par son élévation au pouvoir suprême, un gage nouveau que la réforme promise aurait son cours. Et en effet, à peine assis sur le trône, le vit-on, fidèle à sa mission, travailler ardemment à la confection de ce monument législatif qui sera l'honneur de son règne. Puissamment secondé par le zèle éclairé et la haute capacité de son premier ministre Si-Moustapha-Khaznadar, il rédigea les promesses inscrites dans le *Pacte fondamental* et promulgua le nouveau *Code politique et administratif*, qu'il mit aussitôt en vigueur dans ses États. Le 23 avril 1861, ce code était solennellement remis par le Souverain de Tunis aux grands dignitaires de l'État, aux membres du Conseil suprême et aux présidents des tribunaux, en présence des représentants des puissances étrangères, qui saluaient avec bonheur ces sages réformes.

Quelles étaient-elles, pour mériter ainsi une approbation universelle ?

IV

Il en a été publié plusieurs (1) analyses au milieu desquelles nous emprunterons celle de M. l'avocat Foureix, de Lyon, qui nous semble en avoir résumé très exactement les principales dispositions :

Cette loi organique — en treize chapitres et cent quatorze articles, numérotés suivant la méthode française — garantit la complète sécurité des personnes, des biens et de l'honneur à tous les sujets et à tous les habitants du royaume, quelles que soient leur religion, leur nationalité et leur race.

----

(1) Le *Courrier de Lyon*, n° 1245 ; — le *Progrès international*, de Bruxelles, n° 224 ; — le *Moniteur judiciaire*, de Lyon, n° 71 ; — le *Journal des Débats* (12 juillet 1861), — l'*Indépendance belge*, n° 278 (5 octobre 1861), etc.

Tous les sujets sont assujettis à l'impôt proportionnellement à leur fortune.

Les Musulmans et les autres habitants du pays sont égaux devant la loi.

La protection légale est accordée aux Israélites avec le libre exercice de leur culte; en cas de poursuite pour crime, des assesseurs israélites seront adjoints au tribunal musulman.

Le service militaire ne sera requis que d'après le tirage au sort et pour un temps limité.

Le tribunal de commerce sera composé de membres choisis parmi les Musulmans et les sujets des puissances amies.

La liberté de commerce est proclamée pour tous et sans privilége pour personne; le gouvernement s'interdit toute espèce de commerce et n'empêchera personne de s'y livrer.

Les étrangers pourront exercer toutes les industries et tous les métiers, à la condition de se soumettre au droit commun.

Ils pourront acquérir et devenir propriétaires, à l'égal des nationaux et aux mêmes conditions, mais seulement dans les localités où cette faculté pourra leur être prudemment accordée et dont la désignation sera faite par l'administration.

Tout individu arrêté par la police recevra dans les quarante-huit heures notification des motifs de son arrestation.

Les crimes et délits seront constatés par une décision judiciaire rendue à la majorité des voix, après examen des preuves et l'accusé entendu.

Le souverain ne pourra modifier les décisions des tribunaux, si ce n'est pour user du droit de grâce et d'atténuation des peines.

Les biens ne payeront que les dîmes et impositions établies par le gouvernement sur les ventes, ou qui pourront être établies à l'avenir par le conseil supérieur.

Tous les sujets et résidents tunisiens auront le droit d'exercer telle industrie qu'ils voudront, et d'employer, à cet effet, tels engins et machines qu'ils jugeront nécessaires, quand même cela pourrait avoir des inconvénients pour ceux qui voudraient continuer à se servir des anciens procédés.

Les seules fabrications défendues aux particuliers sont celles du soufre, du salpêtre, des armes et des munitions de guerre.

Le commerce d'importation et d'exportation est libre pour tous, à la seule condition de faire peser et mesurer les marchandises par les agents officiels chargés de ces fonctions; une loi spéciale pour l'unité des poids et mesures sera prochainement promulguée et mise en vigueur.

Tous les droits et revenus quelconques à prélever par le gouvernement cesseront d'être affermés ; ils seront perçus par des fonctionnaires publics.

Il n'y aura qu'une seule classe de tribunaux civils et criminels pour tous les habitants, sauf les exceptions (que nous allons indiquer plus loin) en ce qui concerne les étrangers.

Il y aura, au-dessus des tribunaux de première instance, un tribunal de révision dont les décisions et les jugements seront toujours motivés et fondés sur le texte des lois.

Les magistrats civils et criminels sont inamovibles.

Le droit de pétition est reconnu.

La partie concernant les étrangers est très importante ; il n'est pas inutile de reproduire textuellement les paragraphes principaux des articles qui s'en occupent ; il n'y a guère que la France, l'Angleterre et la Belgique qui se montrent aussi généreuses envers les étrangers fixés sur leur sol :

« *Article* 105. — Une liberté complète est assurée à tous les étrangers établis dans les Etats tunisiens, quant à l'exercice de leurs cultes.

» *Art.* 106. — Aucun d'eux ne sera molesté au sujet de ses croyances, et ils seront libres d'y persévérer ou d'en changer à leur gré. Leur abjuration ne pourra changer ni leur nationalité, ni la juridiction dont ils relèvent.

» *Art.* 107. — Ils jouiront de la même sécurité personnelle que celle garantie aux Tunisiens.

» *Art.* 108. — Ils ne seront soumis ni à la conscription, ni à aucun service militaire, ni à aucune corvée dans le royaume.

» *Art.* 109. — De même qu'aux sujets tunisiens, il est garanti aux étrangers établis dans le royaume une sûreté complète pour leurs biens de toute nature et pour leur honneur.

» *Art.* 110. — Il est accordé aux sujets étrangers établis dans le royaume les mêmes facultés que celles accordées aux nationaux, relativement aux industries à exercer et aux machines à introduire dans le royaume, en se soumettant aux mêmes charges et conditions.

» ... *Art.* 112. — Les sujets étrangers, établis dans les Etats tunisiens, pourront se livrer au commerce d'importation et d'exportation, à l'égal des nationaux, aux mêmes charges et restrictions que celles imposées aux sujets tunisiens.

» ... *Art.* 114. — Les créatures de Dieu devant être égales devant la loi, sans distinctions, soit à cause de leur origine, de leur religion ou de leur rang, les sujets étrangers établis dans nos Etats, et qui sont appelés à jouir des mêmes droits et avantages que nos propres sujets, devront être soumis comme ceux-ci à la juridiction des divers tribunaux que nous avons institués à cet égard. Les plus grandes garanties sont données à tous, soit par le choix des juges, soit par la précision des codes d'après lesquels les magistrats doivent juger, soit par les divers degrés de la juridiction ; et pourtant, afin de donner une sécurité plus grande, nous avons établi dans le code civil et criminel une disposition portant que les consuls ou leurs délégués seront présents, devant tous nos tribunaux, dans les causes ou procès de leurs administrés. »

Sous d'autres rapports, la constitution tunisienne a soin de fixer des points de détail qui attestent sa prévoyance : la condition politique et financière des princes de la dynastie husseinite ; les droits et les obligations du Souverain, qu'elle déclare responsable devant le Conseil suprême, en cas d'infraction au pacte et de contravention aux lois ; la liste civile du Souverain et les dotations des membres de la famille régnante, même en cas de mariage ; enfin, l'organisation du service des ministères, dont une loi réglera les fonctions, et dont le contre-seing sera nécessaire pour la promulgation des actes du souverain.

« La clef de voûte de l'édifice politique (1) est dans l'institution d'un Conseil supérieur composé de soixante membres, dont le tiers est pris parmi les ministres et les hauts fonctionnaires du Gouvernement, les deux autres tiers parmi les notables du pays. Le corps se renouvelle par cinquième, au moyen d'un tirage au sort, sur une liste que le Conseil dresse avec le concours du chef de l'Etat. Le Conseil suprême cumule les attributions dévolues, en France, au Sénat, au Conseil d'Etat, à la Cour de cassation et à la Cour des comptes ; il est le gardien du pacte fondamental et des lois, et le défenseur des droits des habitants ; il s'oppose à la promulgation des lois qui porteraient atteinte aux principes de la loi organique, à l'égalité des citoyens devant la loi, à l'inamovibilité de la magistrature ; il prépare les projets de loi et intervient dans les décisions importantes de l'administration ; il connaît, en dernier ressort, des recours contre les arrêts rendus par le tribunal de révision en matière criminelle ; il exerce son contrôle sur les comptes et dépenses ; il statue enfin sur les plaintes portées contre les fonctionnaires, y compris les ministres.

» A l'égard du budget des recettes et des dépenses, la Constitution règle la manière dont il devra être établi ; présenté en projet au premier ministre et au Conseil supérieur, il deviendra, après

____

(1) Le *Progrès international.*

l'expiration de l'exercice, l'objet d'un compte rendu spécial adressé au même Conseil. »

V

Telles sont les dispositions essentielles du nouveau code tunisien, programme politique dont il faut espérer la loyale exécution, car il a été octroyé *proprio motu*, en dehors de toute nécessité accidentelle et de toute pression extérieure. Bien que la presse n'ait pas donné à ce document une publicité en rapport, selon nous, avec son importance, elle n'en a pas moins payé un juste tribut à l'auteur de la réforme, en reconnaissant unanimement « que le *pacte fondamental* avait été *calqué* sur les institutions les plus libérales de l'Europe.

On reconnaîtra l'approbation des organes de la publicité dans divers pays, à quelques extraits que nous pensons devoir citer à cet effet :

« .... La Constitution tunisienne (1) montre à quelles concessions
» les princes musulmans peuvent consentir lorsqu'ils veulent le
» bien de leurs peuples dans toute la sincérité de leur cœur. »

« ..... C'est un progrès fort raisonnable (2), et nous citerions
» plusieurs Etats européens et chrétiens qui ne se sont pas élevés
» à la même hauteur dans les voies de l'égalité, de la liberté et de
» la justice. »

« ..... Le *pacte fondamental* tunisien est calqué, dans beaucoup
» de ses parties (3), sur les constitutions les plus libérales de
» l'Europe. L'égalité devant la loi et devant l'impôt, la liberté de
» conscience, la liberté individuelle, la liberté de commerce y sont
» proclamées de la façon la plus absolue. »

« ... On peut sans témérité affirmer (4) qu'il y a plusieurs peuples en Europe qui envieraient pour leur pays la plupart des
» droits que le *pacte fondamental* concède aux sujets tunisiens et
» aux étrangers résidant ou domiciliés dans le royaume... »

« ... Plus large que les Américains de Washington, de New-York
» et de Boston (5), qui veulent suspendre les relations commer-

(1) *Journal des Débats.*
(2) *Progrès international.*
(3) *Indépendance belge.*
(4) *Courrier de Lyon.*
(5) *Vigie de Cherbourg.*

» ciales de l'Europe avec Charleston, la Mobile et la Nouvelle-Or-
» léans, le Souverain actuel de Tunis proclame le commerce libre
» pour tous, sans privilége pour personne... »

« ... A ces avantages spontanément octroyés à son peuple (1), le
» prince Mohammed-el-Sadok a voulu, en dehors de la constitu-
» tion, ajouter d'autres gages non équivoques de ses loyales et
» bonnes intentions ; ainsi, avec son autorisation, on pourrait dire
» à son instigation, Tunis a vu se fonder un journal et l'imprimerie
» nécessaire à sa publication ; la question des voies de communi-
» cation est devenue l'objet incessant de ses études spéciales, et il
» a doté déjà la Tunisie des bienfaits de la télégraphie électrique.
» Un Conseil municipal a été en outre institué dans la capitale du
» royaume. En entrant dans cette voie, le prince Mohammed-el-
» Sadok, encouragé par les consuls européens qui l'entourent, a
» bien mérité de la civilisation. »

« ... Le royaume de Tunis (2) n'est plus ce petit Etat barbare,
» vassal de la Porte, gouverné despotiquement : non ; c'est un Etat
» civilisé, aux institutions mi-françaises, mi-mauresques, aux
» mœurs polies, aux goûts européens, gouverné par un Prince
» aussi libéral qu'éclairé, et protégé par une constitution dont les
» principes sont empruntés à nos institutions françaises. »

« ... Désormais parler du royaume de Tunis sera parler d'un
» Etat civilisé ; citer ses lois sera louer les grands principes pro-
» clamés par la France ; prononcer le nom de Mohammed-el-Sa-
» dok sera affirmer que le nom d'un prince libéral, magnanime,
» et ami autant de la grandeur de son Etat que du bonheur de ses
» sujets doit être inscrit dans l'histoire contemporaine. »

« ... Dût-ce être encore une illusion (3), il faut saluer la voix
» qui, après tant de siècles, fait retentir sur cette terre éprouvée
» les mots de *justice*, de *raison*, de *droit*... »

« ... Le texte du *pacte fondamental* (4), revêtu des formes ha-
» bituelles de la théologie musulmane, respire néanmoins une pure
» et simple philosophie... »

« ... Dans ces nouvelles lois (5), on ne retrouve pas, à vrai dire,
» les corps électifs d'origine populaire ; on n'y découvre même
» aucune trace du *droit municipal*, seul élément possible de durée !
» mais on y voit sanctionnées des règles stables au lieu des ca-

(1) *Charentais.*
(2) *Moniteur judiciaire*, de Lyon (n° 71, du 22 juin 1861).
(3) Dott. Carlo Cattaneo, *loco citato.*
(4) *Ibid.*
(5) *Ibid.*

» prices du jugement personnel ; et nous pourrions profiter hum-
» blement d'un utile exemple en constatant qu'en Afrique, c'est
» de la conscience des tribunaux que dépend la position des fonc-
» tionnaires publics, tandis qu'en Italie elle est encore subordon-
» née aux vicissitudes ministérielles et aux passions des partis. »

Il serait facile d'ajouter à ces citations (1) : D'importants organes
de publicité, en Hollande, en Prusse, dans d'autres pays encore,
fourniraient leur contingent d'éloges à cette nomenclature. Nous
bornerons nos emprunts à un seul extrait :

« C'est avec l'appui (2) d'un grand nombre de journaux, d'opi-
» nions et de vues bien différentes, que nous venons à notre tour
» demander que la nationalité et l'indépendance de la Tunisie
» soient reconnues par les grandes puissances européennes. En
» effet, nous ne voyons pas pourquoi le prince Mohammed-el-Sa-

(1) Voici une preuve nouvelle de la sollicitude du prince constitutionnel auquel
sont confiées les destinées de la Tunisie ; les journaux (a) publiaient récemment un
avis aux marins de toutes les nations, avis dont voici le texte :

« Le général Khéredin, ministre de la marine à Tunis, vient de prendre une
mesure qui intéresse hautement la navigation et les marins de tous les pays. Nous
donnons ci-après le texte de l'avis officiel dont M. le comte de Vandoni, consul général de Tunis, actuellement en mission à Londres, a bien voulu nous transmettre
une copie.

MINISTÈRE DE LA MARINE DE SON ALTESSE LE BEY DE TUNIS.

« Les navigateurs sont informés qu'à partir du 10 avril 1862 un feu de port
sera allumé, pendant toute la durée des nuits, à l'embouchure du canal de la *Goulette*. L'entrée de ce canal étant dirigée du Sud au Nord, le feu est établi sur la
jetée de l'*Est*, au bord du quai et à une distance de cent mètres de la pointe
formée par les premiers *enrochements* déterminant *la passe*. Il est suspendu à
une colonne en fonte de 7 mètres de hauteur au-dessus du sol ; son intensité est
celle des feux *dioptriques* de 6me *ordre* ; il est de couleur rouge et éclaire 3/4
d'horizon, comprenant toute la rade, depuis *Sidi-Bou-saïd* jusques et y compris
l'embouchure du canal.

» Par un temps clair, il pourra être aperçu à une distance de six milles.

» *Le ministre de la marine,*

» Signé : Général KHÉREDIN.

» De la Goulette de Tunis, le 10 mars 1862. »

« Cette mesure d'utilité universelle pour la navigation dans la Méditerranée et le
Levant donne au Souverain constitutionnel de la Tunisie, Mohammed-el-Sadok,
un nouveau titre à l'estime générale. Sa conduite envers ses peuples et envers les
étrangers lui a mérité déjà les sympathies de la presse européenne et le titre qu'elle
lui a donné de *Prince civilisateur de l'Afrique.* »

(2) La *Presse de Londres*, n° 243 (10 décembre 1861).

(a) La *Presse de Londres*, n° 269 (26 mars 1862) ; — *The Times*, n° 24,204 (27
mars 1862) ; — *Army and Navy Gazette*, n° CXVII (29 mars 1862) ; — l'*Opinion nationale*, n° 93 (3 avril 1862) ; — le *Salut public*, de Lyon, n° 86 (27
mars 1862) ; — l'*Emancipation*, de Bruxelles, n° 87 ; — le *Journal de
Bruxelles*, n° 87 ; — le *Journal des Pays-Bas*, n° 75, etc.

» dok ne serait pas reconnu formellement souverain de la Tu-
» nisie, lorsque Victor-Emmanuel a été reconnu roi d'Italie, et
» lorsqu'on demande de tous côtés l'indépendance des provinces
» moldo-valaques (1). Ces dernières, qui sont chrétiennes, n'ont
» encore presque rien fait, tandis que la Tunisie, sous ses beys, a
» beaucoup fait pour la civilisation et le progrès. »

Telle est, en effet, la véritable face sous laquelle doit être envisagée maintenant la question. Mais elle est complexe, et pour la résoudre nous avons à examiner les deux points suivants :

Les principes du droit international commandent-ils la reconnaissance de la Tunisie comme État souverain et indépendant ?

Cette reconnaissance répond-elle aux intérêts et aux besoins de la politique générale des gouvernements européens?

S'il est possible de répondre affirmativement à ces deux interrogations, nous cherchons, sans en trouver aucune, les objections qui pourraient être mises en avant pour ajourner une mesure réclamée tout à la fois par la justice, le bon sens et une saine politique.

VI

« Le droit des gens, le droit international et le droit naturel (2) sont, de nos jours, identiquement la même chose ; la raison humaine est devenue le guide des nations civilisées, la justice et l'équité leur servent de règles.... Il appartient aux Etats qui professent et pratiquent ces sages principes, de les enseigner aux États qui ne les ont pas encore adoptés, afin de les faire passer dans la pratique générale comme des vérités incontestables. Depuis 1815, la France, l'Angleterre et les États-Unis les ont constamment professés et pratiqués. »

On peut prendre pour type du rapport d'une nation à la masse du genre humain le rapport d'une famille à la nation dont elle fait

(1) Depuis que cet article a été publié, les Principautés Moldo-Valaques ont reçu satisfaction : on sait qu'elles forment aujourd'hui un royaume indépendant, réunies sous le sceptre du prince Alexandre Couza. L'argument en faveur de la Tunisie n'en acquiert que plus de force.

(2) Fouréix, docteur en droit. (*Moniteur judiciaire*, de Lyon, du 10 décembre 1861.)

M. Foureix a publié dans cette feuille et sous ce titre : DE L'AUTONOMIE POLITIQUE ; DU PRINCIPE DE NON INTERVENTION ; DE LA RECONNAISSANCE OFFICIELLE DES ÉTATS CONSTITUÉS DE FAIT, un excellent travail auquel nous emprunterons quelques citations, et dont l'analyse servira d'utile appoint à la discussion de la question qui nous occupe.

partie. Il n'est pas plus contestable que les droits et les devoirs résultant de la loi naturelle pour l'homme vivant en société sont partout les mêmes. Le respect que cette loi impose à l'individu à l'égard de son semblable est également obligatoire pour une aggrégation d'individus ou une nation vis-à-vis des autres nations. Or, ces droits, ces devoirs et ce respect ont pour objet premier et immédiat la conservation de l'homme et de sa famille, l'exercice de ses facultés intellectuelles et physiques, ainsi que la paisible possession des produits de ces facultés. Par suite, tout acte de l'homme qui a pour résultat, soit la destruction des individus, soit la spoliation des propriétés individuelles, est une atteinte aux prescriptions de la loi naturelle ; et de même que l'immixtion d'un individu dans les intérêts d'un autre individu, l'*intervention* d'une nation dans les affaires d'une autre nation froisse les droits d'autrui en blessant les lois de l'équité.

Si l'on considère les événements postérieurs au Congrès de Vienne, cette étude démontre complétement l'impuissance des essais tentés en sens contraire. Ainsi, à l'occasion de la révolution de Naples en 1820, on vit l'Angleterre blâmer l'intervention de la Russie, de la Prusse et de l'Autriche, et refuser de reconnaître les principes qu'elles invoquaient. Un peu plus tard, à propos de la révolution espagnole, et aussi au sujet des contestations qui avaient surgi entre l'Espagne et ses colonies soulevées, on vit les États-Unis et l'Angleterre protester contre l'intervention de la France et les prétentions semblables des autres puissances (1). La France a, depuis 1830, combattu dans le même sens.

« Le droit de souveraineté (2) que la loi naturelle, sociale, confère à toutes les nations au même titre et au même degré, donne à chacune le droit de se constituer à son gré, de modifier ou de changer sa constitution à sa volonté, de décider si tels principes sont préférables à tels autres, si telle forme de gouvernement est préférable à telle autre.... Ce droit est né de la raison, et le respect qu'il inspire doit être le même pour tous les peuples, grands ou petits, faibles ou forts, parce qu'il leur est commun, parce que, s'il était méprisé, la vie sociale et la vie nationale seraient impossibles, parce que la violence l'emporterait sur la légalité, parce que le désordre usurperait la place de l'ordre, parce que pas une nation ne serait sûre de son lendemain puisque la coalition des unes détruirait les autres et que les coalisés de la veille périraient le lendemain, des mains de leurs associés de la veille. »

(1) Dépêche de lord Castlereagh, du 19 janvier 1821. (*Annual Register*, 2e partie, p. 737.)

(2) Fourcix. *id.*

2

Un fait considérable, qui date d'hier, démontre mieux que tous les raisonnements que le principe de non-intervention a définitivement succédé au principe contraire. Les événements qui se sont accomplis dans la Péninsule italienne ont été la dernière et éclatante application de ce principe, qui s'est trouvé ainsi généralisé, mais qui avait été proclamé déjà dans maintes circonstances. En 1792 la France avait dit à l'Angleterre (1) « qu'elle ne souffrirait jamais que les puissances de l'Europe essayassent ou même nourrissent l'espoir de lui dicter des lois; que, quant à elle, elle saurait respecter en toute occasion les lois, les usages et les formes de gouvernements des autres nations. »

Le président des Etats-Unis tenait à son tour ce langage (2) : «La politique du gouvernement américain à l'égard de l'Europe a toujours été de considérer les gouvernements de fait comme les gouvernements légitimes.... parce que nous respectons chez les autres la liberté et l'indépendance pour lesquelles nous avons secoué le joug de l'oppression. »

C'est qu'en effet la proclamation du principe de non-intervention soulève, comme conséquence logique et indispensable, la question de la reconnaissance officielle des gouvernements constitués de fait.

Quand, usant de son pouvoir souverain, un peuple a modifié plus ou moins profondément sa Constitution, adopté même une forme nouvelle de gouvernement, confié à un autre chef — prince, roi, empereur — le soin de le gouverner; quelle est vis-à-vis des autres gouvernements sa position officielle?

« Les motifs d'équité (3) qui ont animé les autres gouvernements en assistant paisiblement à ces changements exigent qu'ils le considèrent et le traitent comme un nouveau frère entrant dans la société des Etats. Devant la vérité et la justice, tous les gouvernements sont égaux. Dans la grande association appelée humanité, tous les peuples ont les uns envers les autres les mêmes droits de respect et de considération. Or, comme les gouvernements représentent les peuples, aucun gouvernement n'a le droit de frapper son voisin de son dédain et de son mépris. »

C'est pourtant ce qui aurait lieu par suite d'un refus de reconnaissance; ce refus pourrait être considéré comme la négation du principe de la souveraineté du peuple.

---

(1) Note remise le 12 mai 1792 au cabinet de Saint-James, par M. le marquis de Chauvelin, ambassadeur de France à Londres.

(2) Message au Congrès, 2 décembre 1823.

(3) Foureix, *loc. cit.*

Il est évident qu'en certains cas la prudence conseille de ne pas se hâter trop, et d'apporter de sages lenteurs à une reconnaissance de cette nature; car l'histoire fournit de nombreux exemples de gouvernements qui n'ont surgi que pour disparaître aussitôt, ou qui n'ont fourni qu'une carrière de courte durée; mais lorsque le gouvernement de fait (et c'est ici le cas) est fermement établi, il faut l'admettre sans contestation et nouer avec lui les relations de la vie politique et commerciale. Pour la Tunisie ce n'est, du reste, que le complément officiel et la régularisation d'un fait existant déjà : la France entretient à Tunis un CHARGÉ D'AFFAIRES; tel est le titre de notre consul général M. Léon Roches (1), titre officiel et qui, apparemment, a bien sa signification qu'il serait puéril de contester.

« Une telle situation constitue quelque chose d'anormal (2), que, pour la dignité réciproque de ces deux puissances (la Porte et Tunis), il importe de faire cesser, et que l'Europe fera disparaître par la reconnaissance pure et simple de la Tunisie comme Etat indépendant. »

Quelles obligations entraîne cette reconnaissance pour les puissances qui y concourent? Aucune. On ne doit y voir qu'un hommage rendu à la liberté, à l'indépendance d'un peuple qui, dans sa souveraineté, s'est donné un gouvernement de son choix et qui, dégagé de toute étreinte extérieure, veut céder à ses aspirations et donner satisfaction à ses besoins de progrès et de développement.

« Des considérations d'intérêt (3) peuvent assurément hâter ou faciliter cette reconnaissance, mais elles n'altèrent en rien le principe lui-même. Quand la France, en 1778, reconnut l'indépendance des Etats-Unis, séparés de l'Angleterre, elle se fonda sur ce fait que les Américains *étaient en possession effective de leur indépendance, et n'eut point à examiner si cette indépendance était légale vis-à-vis de l'Angleterre;* elle ne fut guidée que par une idée de justice et par le désir de faire le commerce avec l'Amérique (4). La reconnaissance du royaume de Belgique par l'Angleterre, l'Autriche, la France, la Prusse et la Russie, en 1831, fut basée sur les mêmes motifs de la souveraineté populaire et du fait accompli. »

Faut-il citer un exemple qui, à la guerre près, n'est pas sans un un lien d'analogie avec la question de la Tunisie? Faut-il rappeler la Grèce s'arrachant à la domination de la Turquie, aidée dans

(1) *Almanach impérial* 1862 et années précédentes.
(2) *Salut public*, de Lyon : A. Dardenne.
(3) Fourcix, *loc. cit.*
(4) Condorcet. Exposé des motifs de la loi du 20 avril 1792.

son entreprise par les sympathies et le sang de l'Europe, et obtenant d'elle la reconnaissance de son indépendance en 1827 ? La situation est la même, moins la guerre, circonstance heureuse suivant nous ; car personne n'oserait prétendre que cette condition soit indispensable à toute déclaration de souveraineté et d'indépendance.

Il y a quelques jours, on comptait trois nations en instance pour obtenir leur reconnaissance, et basant leurs vœux sur le besoin d'une autonomie nécessaire ; la diplomatie a déjà réglé le sort de l'un de ces Etats (la Roumanie), formé de la réunion définitive des provinces moldo-valaques ; il en reste deux encore dont il faudra bien que l'Europe s'occupe également, la Tunisie et les Etats-Confédérés d'Amérique. De ces derniers nous n'avons pas à parler ici ; nous avons dit ailleurs les motifs puissants qui nous semblent militer en faveur de leur très prompte reconnaissance.

Quant à la Tunisie, elle remplit toutes les conditions qu'on peut raisonnablement exiger d'un gouvernement de fait. Grâce à la sagesse de ses princes et au progrès de son peuple, elle s'est, *depuis de longues années*, détachée du gouvernement de Constantinople. Le souverain actuel, Mohammed-el-Sadok, continuant la politique de ses prédesseurs, ne fournit à la Turquie ni un homme ni un écu ; « il ne connaît (1) d'autre souveraineté que celle du peuple qui lui a confié le pouvoir suprême ; il encourage l'étude des lettres, des sciences et des arts ; il excite sa nation au commerce et à l'industrie ; il s'entoure d'hommes intègres, instruits, honorables entre les plus honorables ; il recherche l'estime et l'amitié des souverains de l'Europe ; il dirige, en un mot, son Etat dans la voie de la prospérité et de la grandeur. Les institutions les plus libérales et les plus généreuses de notre continent lui ont servi de modèle pour la constitution qu'il a donnée récemment aux Tunisiens ; son code politique et administratif ferait honneur à plus d'un souverain de l'Europe ; aux yeux des populations de l'Orient, il immortalisera son nom. »

Cette situation, ces titres, ne sont pas ignorés des puissances européennes, dont les souverains ont comblé Mohammed-el-Sadok, en lui envoyant leurs félicitations, de ces marques de sympathie qu'ils n'échangent qu'entre eux (2) ; la France, déjà repré-

---

(1) *Presse de Londres*, n° 246 (4 janvier 1862).

(2) Nous ne pourrions, sans injustice, passer sous silence les témoignages nombreux de satisfaction donnés aussi, à cette occasion, par les puissances européennes à Si-Moustapha-Khaznadar, le digne et intelligent premier ministre du Prince Mohammed-el-Sadok, ce ministre sur lequel un important journal s'exprime ainsi :

« Les heureux instincts du souverain ont trouvé, dans les inspirations, dans les

sentée officiellement à la promulgation du nouveau code par un des officiers du maréchal duc de Malakoff, gouverneur général de l'Algérie, trouvait, peu après, une occasion nouvelle de témoigner à ce pays et à son souverain sa précieuse approbation par la visite de LL. AA. II. le prince Napoléon et la princesse Clotilde. S. A. R. le prince de Galles avait déjà porté lui-même, en visitant aussi Tunis, une preuve des sentiments d'amitié que l'Angleterre porte à cet État.

Ces témoignages ont été si nombreux, ils ont touché si profondément le cœur de Mohammed-el-Sadok, que, dans les derniers mois de l'année qui vient de finir, il a cru devoir envoyer en Europe son ministre de la marine, le général Khéredin, avec la mission spéciale de remercier les Souverains qui, à l'occasion de ses réformes, lui avaient envoyé les preuves de leur haute satisfaction, et de leur remettre de sa part les insignes de la famille Husseinite régnante.

Au point de vue du droit des nations, quelle est donc la puissance qui trouverait des objections à ce que l'Europe reconnût officiellement la Tunisie?

La presse européenne, organe de l'opinion publique, a depuis longtemps répondu à cette question.

« Sous le règne de Mohammed-el-Sadok, on voit, dans toutes les nations, la presse, de toutes nuances politiques, réclamer, d'une voix unanime, la nationalité de la Tunisie et son indépendance. »

« On trouve, dans cette circonstance, la presse française parfaitement d'accord avec la presse anglaise (1). On voit la presse belge, allemande et italienne accueillir partout, avec le principe de non-intervention proclamé par la France, celui-ci que l'Angleterre a depuis longtemps pratiqué :

» Tout gouvernement de fait, régulièrement constitué, quelles que soient la forme du pouvoir, sa politique, son origine et les circonstances dans lesquelles il se trouve, doit être reconnu. (2) »

conseils, dans les talents et les vertus du ministre Khaznadar, un très puissant levier pour opérer tout ce qui a été fait, depuis vingt années, en faveur du peuple tunisien et pour son bien-être. » — *Salut public*, de Lyon, n° 303 (30 octobre 1861).

(1) La *Presse de Londres*, n° 258 (15 février).

(2) The practice of the British government in such cases is firmly established and well understood, viz : to recognize all *de facto* governments, irrespective of opinion, origin, but the fact of being the actually established rulin power. »

« Nous pensons que ces principes ne tarderont pas à trouver une complète application à l'égard de la Tunisie (1). »

Ce n'est pas, à coup sûr, en Angleterre où depuis un demi-siècle des principes aussi larges sont invariablement professés, que le doute pourrait subsister sur la reconnaissance de la Tunisie.

Ce n'est pas le royaume d'Italie, *créé et existant* par ces mêmes principes, qui pourrait en contester l'application en faveur d'un peuple voisin dont le Souverain a été l'un des premiers à reconnaître Victor-Emmanuel roi d'Italie.

En effet, un mois à peine avant la mort du comte de Cavour, les journaux officieux du gouvernement (2) disaient, au sujet de la Tunisie : « Le gouvernement du roi galant-homme, ou son repré-
» sentant le comte de Cavour, suivra (*il n'y a point de doute*) *avec*
» *une égale justice et un égal bon sens* la même règle internationale
» pratiquée en sa faveur par le gouvernement britannique, lorsque
» se présenteront à M. le ministre Cavour des occasions de recon-
» naître les gouvernements des peuples qui, comme le peuple ita-
» lien, secouèrent une domination tyrannique et étrangère.

» Désirer aux autres ce qu'on désire à soi-même, et ne pas faire
» aux autres ce qu'on ne veut pas qu'il soit fait à soi-même, est
» une maxime de philosophie morale qui servit de base également
» au christianisme et à l'islamisme (3). »

Un autre journal de la même couleur, s'exprimait ainsi sur la même question (4) :

---

(1) Le *Salut public*, de Lyon, nᵒ 303 ; — le *Progrès international*, de Bruxelles, nᵒ 244 ; — le *Journal des Pays-Bas*, nᵒ 15 (janvier 1862 ; — *Il Commercio di Genova*, nᵒ 56, etc.

(2) *Il Commercio di Genova*, nᵒ 56 (30 avril 1861) ; — la *Lombardia*, nᵒ 120 (2 mai 1861) ; — la *Gazetta di Milano*, nᵒ 122 (3 mai 1861).

(3) «'Il « Foreign Office » degno della nazione che egli rappresenta, fedele osservatore delle leggi, propugnatore indefesso di ogni principio di civilizzazione e di libertà, riconoscerà egualmente S. M. Vittorio Emanuele come *Re d'Italia* e S. A. il Principe Mohammed come *Sovrano di Tunisi*.

. » Quindi il Governo del Re Galantuomo, od il suo rappresentante, il conte di Cavour, seguirà (non vi ha dubbio alcuno) con eguale giustizia e con egual buon senso la stessa regola internazionale, praticata a di lui favore dal Governo Britta-nico, allorchè si presenterà, al signor ministro Cavour, l'occasione di riconoscere i governi di quei popoli che scossero come il popolo italiano un dominio tirannico e straniero, — « Désirer aux autres ce qu'on désire à soi-même et ne pas faire aux
» autres ce qu'on ne veut pas qu'il soit fait à soi-même, » — ò una massima di filosofia morale che fu base non solo alla religione cristiana, ma pure all'islamismo.»
— *Gazetta di Milano*, nᵒ 122 (3 mai 1861), et la *Lombardia*, nᵒ 120 (2 mai 1861).

(4) « Allorquando adunque si avveri il fortunato fatto politico di qualche popolo che si rivendichi a libertà dalla Porta specialmente se sulle rive del Mediterraneo,

« Lorsqu'arrive l'heureux événement politique qu'un peuple recouvre sa liberté et se rend indépendant de la Porte Ottomane, surtout lorsque cela arrive sur les côtes de la Méditerranée, il faut se hâter de le reconnaître, de l'aider, de l'assister. Le bey de Tunis, aussitôt qu'il a été informé de l'élévation de Victor-Emmanuel comme roi d'Italie, s'est hâté de le reconnaître. Notre gouvernement a-t-il, lui, reconnu le royaume de la Tunisie? »

Ce n'est pas davantage la France qui refuserait de reconnaître l'indépendance de la Tunisie. « La France a été la première à tendre
» sa main généreuse à ce prince civilisateur de l'Afrique, à le pro-
» téger de toute tentative d'oppression de la Porte et à reconnaître
» que l'indépendance de cette petite partie du sol africain pourra
» redevenir, sinon une moderne Carthage, du moins plus forte,
» plus importante et plus propre au maintien de l'équilibre euro-
» péen dans la domination de la Méditerranée (1). »

L'empereur Napoléon III n'a-t-il pas, dans maintes circonstances mémorables, indiqué ce que devait être l'attitude de la France vis-à-vis des nations étrangères et dans ses relations avec elles? Quoi! la France, qui fait la guerre pour le triomphe d'une idée, refuserait de s'associer à une mesure qui doit hâter les progrès de la civilisation, et ne contribuerait pas à aplanir au Souverain de Tunis la voie civilisatrice où il s'est engagé aux applaudissements de l'Europe entière! Cela n'est pas possible (2). En agissant ainsi, la France, l'Angleterre, l'Europe donneraient un démenti aux paroles d'encouragement qu'elles ont spontanément fait entendre l'an dernier à

lo si riconosca prontamente, lo si appoggi lo si aiuti, lo si sovvenga. Il Bey di Tunisi appena avuta partecipazione dell'assunzione di Vittorio Emanuele a Re d'Italia, si affrettò a riconoscerlo. Il nostro governo ha egli ancora riconosciuto quello di Tunisi? » — *Il Commercio di Genova,* n° 39 (10 mai 1861).

(1) « La Francia fu la prima a tendergli la mano, e protteggerlo contro l'oppressione della Turchia; ed a riconoscere che l'indipendenza di questa piccola parte del littorale africano, potrà senon risorgere a moderna Cartagine, divenire certamente più vasta, più importante, più forte, e più propria ancora al mantenimento dello equilibrio nella dominazione del Mediterraneo. — *Il Commercio di Firenze,* n° 7 (6 mars 1861); *la Lombardia di Milano,* n° 86 (2 mars 1861); *—Il Commercio di Genova,* n° 28 (2 avril 1861).

(2) Lors du voyage de l'empereur Napoléon III en Algérie, en 1860, Mohammed-el-Sadok fut invité à venir à Alger. Il resta trois jours près de l'Empereur, traité par lui en Souverain : on se rappelle en effet les paroles que Napoléon III lui adressa publiquement à la fin d'un grand banquet officiel : « Je porte un toast au Bey de Tunis, *mon bon et noble ALLIE ;* j'espère qu'il sera toujours un bon voisin, et je serai heureux moi-même du bonheur *de son peuple.* » L'Empereur profita de cette occasion pour lui remettre le grand cordon de la Légion d'honneur, et reçut de ses mains les insignes de la famille Husseinite régnante.

ce Prince réformateur, et dans le souvenir desquelles il a puisé de nouvelles excitations.

L'Europe le doit et le peut : il faut qu'elle reconnaisse la souveraineté et l'indépendance de la Tunisie, et que, par sa proclamation solennelle, elle fasse une application définitive du principe de non-intervention et de son corollaire la reconnaissance officielle des gouvernements de fait.

VII

Ce point établi, il reste à examiner si, pour hâter cette reconnaissance, il ne faut pas chercher d'autres arguments tirés de l'intérêt même des puissances.

Nous n'hésitons pas à le déclarer, la politique générale de tous les gouvernements européens commande qu'aucune des grandes puissances n'agrandisse ses possessions sur les côtes de la Méditerranée ; elles ne pourraient, en effet, y accroître leurs relations commerciales, et par suite leur influence politique, qu'au détriment l'une de l'autre ; mais les affaires commerciales et la prospérité qui en résulte peuvent s'y multiplier à l'infini sans que ce danger soit à redouter, si ce résultat s'obtient sans rivalité et sans antagonisme : le meilleur moyen, le seul, d'y parvenir, c'est d'obéir à la voix de la raison ; elle dit assez que chaque puissance est grandement intéressée à consolider sur la côte d'Afrique le gouvernement tunisien, de manière à le rendre fort, et, par cela même, indépendant de tous à la fois. Il faut donner aux institutions de ce pays la durée, pour que la mission de neutralité et de contre-poids que sa position naturelle lui assigne s'accomplisse. Le Prince actuel comprend cette mission, et dirige dans ce sens la politique de son gouvernement ; mais l'Europe n'a pour garantie que la sagesse de Mohammed-el-Sadok ; c'est fort bien pour le présent ; malgré cela, n'est-il pas opportun et prudent de fonder, en vue de l'avenir, un État qui, indépendamment du Souverain, pour ainsi dire, continue le rôle qui convient à la Tunisie, et qui est pour les puissances européennes une sauvegarde mutuelle ? On ne peut nier les bons effets produits en Europe par la neutralité reconnue de certains États : la Suisse, la Belgique, et plus récemment la Roumanie, ont, dans l'équilibre des puissances, une fonction qui n'est pas sans importance. Quelque chose d'analogue serait très utile en Afrique : l'Égypte n'est pas sans quelque lien avec l'Angleterre ; l'Espagne a, par un traité récent, assuré ses relations avec le Maroc ; la France

possède l'Algérie. Au milieu de ces divers États, la possession de
la Tunisie, soit directe, soit par une influence prépondérante, ne
serait pas indifférente à l'une de ces puissances, pas plus qu'à
l'Italie, qui s'en trouve rapprochée plus que toutes les autres. C'est
là précisément ce qu'il est utile d'éviter dans l'intérêt général.

« L'avenir de l'Egypte, dit un des écrivains les plus distingués
de l'Italie (1), est riche de promesses et d'espérances pour notre
commerce et notre navigation ; mais l'Egypte est distante de 700
milles des extrêmes frontières de l'Italie. Voici un autre débris de
l'ancien empire musulman, dix fois moins éloigné de notre pays,
placé en face de la Sardaigne et qui n'est pas séparé de la Sicile par
une distance plus grande que celle de Gênes à Livourne. Il est vrai
que le royaume de Tunis n'égale pas en superficie la moitié du
territoire de notre péninsule ; mais sa situation, pour ainsi dire, de
vedette avancée sur le grand boulevard de la Méditerranée, sa situation, d'où l'on peut communiquer directement avec la France
aussi bien qu'avec la Syrie, avec Gibraltar comme avec l'Egypte,
est telle que des puissances maritimes de premier ordre peuvent
s'implanter sur ses rivages et y prendre un rapide développement,
et que toute puissance déjà importante pourrait y trouver un moyen
de prépondérance incontestable. »

Et plus loin le même auteur ajoute : « L'indépendance de tous
nos voisins est une condition de la nôtre ; la liberté de nos mers est
nécessaire à la sécurité et à l'existence même de notre territoire. »
Ce qu'il redoute, à tort sans doute, c'est l'esprit de conquête de la
France, et il signale à l'appui de ses craintes le passage déjà ancien d'un ouvrage (2) où nous lisons ces mots : « Nous devons avoir
l'œil ouvert sur les régences de Tunis et de Tripoli. Par suite de
leur état subalterne, ces deux pays sont une voie de communication
entre la France et l'Egypte plutôt qu'un obstacle. Les destinées de
la France africaine sont magnifiques. » Il est à présumer qu'à ce
point de vue l'Angleterre doit aussi envisager d'un œil inquiet le
voisinage de l'Algérie et de la Tunisie. Quant à la France, il lui
sera dès lors permis de prendre en considération, sinon en om-
brage, le développement que l'Italie a récemment conquis par suite
de sa nouvelle organisation politique ; elle est devenue une des plus
grandes puissances maritimes de la Méditerranée, et cette situation,
considérablement augmentée, ne doit pas trouver la France indifférente. Chacune de ces puissances a donc les mêmes motifs de

(1) Dott. C. Cattaneo, *loco citato.*
(2) *Encyclopédie nouvelle*, 1842. *Vid.* TUNIS.

désirer la constitution d'un Etat indépendant pour empêcher les autres de s'assurer la prépondérance.

La Tunisie offre-t-elle par elle-même les ressources nécessaires pour constituer cet État fort et indépendant ?

Les avis sont partagés sur le chiffre actuel de sa population. M. Pellissier (1) la réduit à 800,000 âmes au plus ; le docteur Ferrini, plus près de la vérité, la porte à 1,800,000 ; enfin, des documents officiels plus récents, publiés par un journal étranger (2), l'élèvent à 2,800,000. Ce qui ne peut être contesté, c'est que ce qui a existé donne une idée de ce qui peut exister encore. L'ancienne Carthage, renommée pour son commerce, ne comptait pas moins de 700,000 habitants (3) ; elle était une opulente cité, autour de laquelle des irrigations alimentées par de grands aqueducs permettaient d'entretenir de magnifiques jardins ; l'agriculture y était florissante. Au centre de la ville, somptueusement édifiée sur le versant d'une chaîne de collines, se trouvait un port militaire, où se tenaient à l'ancre, toujours prêts à prendre la mer, deux cents navires de premier ordre. On sait que Scipion, vainqueur, voyant la flamme dévorer, plusieurs jours durant, la riche cité incendiée, se prit à verser des larmes, pensant à Rome qui pouvait subir le même sort.

« Vingt ans après la chute de Carthage (4) vint le tribun Caïus Gracchus qui, sur ses ruines, en face de la Sicile et des bouches du Tibre, fonda une Carthage romaine qui fut aussi la ville la plus importante de l'Afrique. Environ quatre cents ans plus tard, lorsque le christianisme se fut répandu en Afrique, la population était encore tellement nombreuse que dans les deux provinces qui correspondent au royaume actuel de Tunis, il fut érigé trois cents siéges épiscopaux (5). »

Livrée aux seuls travaux de l'agriculture, sans commerce extérieur, privée de navigation et dépourvue d'industrie, cette province n'en fut pas moins, pendant quatre siècles le *grenier de Rome*. Sa fertilité était immense ; elle peut l'être de même aujourd'hui.

Nous ne suivrons pas les transformations diverses que ce pays eut à subir depuis cette époque jusqu'à nos jours (6) ; nous laisse-

(1) Pellissier. *Description de la régence de Tunis*, Paris, 1853.

(2) Le *Progrès international*.

(3) Strabon.

(4) Dott. C. Cattaneo. *Il Regno di Tunisi e l'Italia*.

(5) Morcelli. *Africa christiana*.

(6) Il y a à Tunis des souvenirs tout à fait français : c'est là que saint Louis débarqua, à la dernière croisade, et qu'il trouva la mort au lieu même où fut Car-

rons les barbares venus du Nord s'en emparer, Bélisaire ruiner cette terre et massacrer ses habitants, les Arabes en faire la conquête pour céder la place aux Osmanlis en 1574. Nous constaterons seulement que la suzeraineté du Grand-Seigneur sur Tunis ne fut, depuis, qu'illusoire et nominale ; comment aurait-il pu la maintenir puisqu'il se trouvait impuissant même à contenir les pirates de la régence d'Alger ? « Beaucoup de gens vivent encore (1) qui se rappellent comment, avant l'expédition de lord Exmouth en 1814 et du général Bourmont en 1830, notre marine redoutait, jusque dans les rades les plus sûres de la Ligurie, la présence des corsaires qui osèrent occuper l'île de Caprée, au milieu des eaux alors toutes françaises de la Corse, de l'île d'Elbe et de la Spezzia. On voit encore debout, sur nos promontoires, les tours où l'inquiétude publique plaçait nuit et jour des vigies observant toute voile à l'horizon. Nous nous rappelons avoir vu, dans notre enfance, faire, à travers les rues de nos cités, la quête pour le rachat des familles que des gouvernements vaniteux et faibles laissaient impunément enlever de nos rivages pour alimenter le sérail et les galères barbaresques. »

La conquête française mit fin à de tels actes, sans que la Porte ait songé à revendiquer les droits de sa prétendue suzeraineté. Elle n'est pas plus sérieuse pour Tunis, et l'Europe n'aurait pas les mêmes motifs pour mettre la Porte en demeure de l'exercer. Elle n'existe pas, — voilà la réalité, — parce qu'elle n'a pas de raison d'être.

Nous ne voulons rien dire qui puisse offenser la puissance ottomane, mais nous ne serons que l'écho de ce que tout le monde pense, en affirmant que, lors de l'invasion de Constantinople, l'empire Ottoman se trouva accidentellement établi sur des bases trop larges pour l'édifice qui devait y être fondé; loin d'y puiser la force, qui est la première garantie de la durée, les sultans ne rencontrèrent dans cette situation exagérée qu'une source de luttes, de désordres, et par conséquent d'affaiblissement. L'affranchissement de la Grèce, l'indépendance des Provinces Danubiennes, la protection des puissances occidentales, sans laquelle la Turquie n'existerait plus aujourd'hui, sont des symptômes irrécusables de la nécessité des réformes qui seules peuvent redonner à cette puissance la vitalité qui se retire d'elle. Comment, alors,

thage. On aperçoit au sommet du cap Didon un bouquet de bois au-dessus duquel s'élève une croix, c'est la chapelle bâtie en l'honneur de Louis IX. Plus de cinq siècles s'étaient écoulés depuis l'année 1270, quand Charles X songea à faire élever un monument à la mémoire de son illustre aïeul; Louis-Philippe réalisa cette pieuse pensée, et en 1841 le monument, bâti sur l'emplacement du camp des chrétiens, fut terminé. (*E. de Barthélemy.*)

(1) Dott. C. Cattaneo. *Il Regno di Tunisi e l'Italia.*

pourrait-il s'élever une voix pour revendiquer au profit de la Porte une suzeraineté dont elle n'a que faire, qu'elle ne saurait exercer, et dont l'abandon, par conséquent, n'est pas, pour elle, un amoindrissement? Elle a besoin de réunir en un seul faisceau ses forces et de les concentrer pour conjurer le danger intérieur qui compromet bien plus sérieusement son existence. C'est l'intérêt des puissances européennes de se prémunir dès à présent contre toutes les éventualités de cette situation. L'auteur (1) de l'étude remarquable que nous avons déjà citée prévoit aussi les conséquences d'un démembrement de la Turquie lorsqu'il s'écrie : « Les plus grands intérêts de Tunis sont aussi les nôtres, » et il développe avec talent cette thèse que, si l'empire Ottoman se dissout, il importe beaucoup à l'Italie de ne pas être exposée à voir s'élever à ses portes un nouvel empire, trop grand, et d'autant plus redoutable qu'il sera plus récent et que toutes les ressources de la civilisation auront été appelées à l'armer et à le consolider. L'allusion est assez claire pour qu'on reconnaisse, dans ces appréhensions, la crainte de voir cette extension profiter à l'Algérie ; nous n'avons aucun motif de cacher que nous considérerions comme un embarras pour la France cet agrandissement redouté, et cela nous met à l'aise pour exprimer les mêmes inquiétudes à l'égard de l'Italie comme nouvelle et grande puissance maritime dans la Méditerranée. Nous avons, de part et d'autre, les mêmes raisons de désirer l'indépendance de Tunis : c'est la sauvegarde commune qui, seule, peut faire taire les rivalités en mettant un terme aux appréhensions réciproques.

« Nous sommes justes envers tous (2) ; nous saluons et nous respectons dans toutes les races humaines le flambeau de la raison et les droits de l'homme. Nous voudrions voir l'Afrique se lever de son sépulcre, et nous le désirerions, surtout pour la cause de la justice et dans l'intérêt de l'Italie. »

Indiquons en outre ces profondes paroles d'un consul de France, bien placé pour connaître et apprécier la situation de l'Afrique : « La ville de Didon sortira un jour de son linceul ; un grand établissement européen *ne peut manquer* un jour de se former, et il est à croire que l'emplacement de Carthage sera choisi. »

Ce résultat, Mohammed-el-Sadok promet aujourd'hui de l'obtenir ; n'est-il pas sage de lui en fournir les moyens ? N'est-il pas de bonne et saine politique pour la France, pour l'Angleterre, pour l'Italie, d'appliquer à la Tunisie les règles de la reconnaissance des

<hr>

(1) Dott. C. Cattaneo. *Il Politecnico, loc. cit.*
(2) Dott. Carlo Cattaneo. *Loc. cit.*

gouvernements de fait? N'est-il pas de l'intérêt général que la Méditerranée ne soit pas sous la domination exclusive d'aucune des grandes puissances?

Nul doute ne saurait exister à cet égard.

VIII

Le bulletin politique d'un important journal de province s'exprimait dernièrement en ces termes (1) au sujet de l'avénement récent du prince Couza :

« Un nouvel Etat politique est fondé en Europe : c'est le royaume de Roumanie.

» Les populations de la Valachie et de la Moldavie, désignées sous le nom générique de populations roumaines, sont réunies désormais en une seule nationalité avec le prince Alexandre Couza pour souverain sous le nom d'Alexandre Ier.

» La Moldavie se soumit à Sélim II en 1513, et depuis cette époque elle a été une province de l'empire turc. La Russie, qui n'a cessé d'en convoiter la possession, prit pour prétexte la religion des Valaques. et s'en fit reconnaître *protectrice* au traité de Jassy, en 1792.

» La Valachie eut une destinée semblable. Mahomet II en fit, vers 1465, une province ottomane ; mais les czars s'arrogèrent sur cette contrée le même *protectorat* que sur la Moldavie. Le traité d'Andrinople, en 1829, confirme cette étrange protection.

» Pour tous les yeux, même les moins clairvoyants, il est évident que depuis plus d'un siècle ces deux provinces sont une proie splendide, que se disputent la Turquie et la Russie, l'une au nom des droits de la possession, l'autre au nom de l'ambition du plus fort.

» Il n'y avait qu'un moyen de mettre d'accord le czar et le sultan : c'était de leur enlever à tous les deux les provinces danubiennes, de les déclarer indépendantes, et d'en faire une nationalité politique.

» Tel est l'événement qui vient de s'accomplir, et maintenant un nouvel Etat va figurer sur la carte des puissances européennes. Cette transformation, commencée au lendemain de la guerre de Crimée, vient de s'achever dans le calme, sans bruit, sans secous-

(1) *Le Charentais ;* n° du 5 janvier 1862, sous la signature de M. Lannau-Rolland.

ses, presque à l'insu de l'Europe, dont tous les regards étaient fixés vers d'autres pays en fermentation.

» Le nouveau roi, dans sa proclamation, annonce que la nouvelle nationalité « a été reconnue par la Sublime Porte et les puissances » garantes. » Cette proclamation, ni les deux autres du même prince, ne disent pas un mot de la suzeraineté que devait conserver le sultan. Cette prérogative nominale a disparu elle-même.

» La même reconnaissance ne tardera pas à avoir lieu pour la Tunisie, qui est bien autrement isolée des intérêts ottomans, et qui, depuis longtemps, est en possession d'une vie politique bien distincte, d'une indépendance effective et d'une organisation intérieure qui ne ressemble en rien à celle de l'empire turc.

» La Tunisie est un Etat admirablement situé, ami de la France, riche, actif, et complétement entré dans la voie des progrès modernes. Tandis que la Turquie et d'autres pays orientaux ou africains s'immobilisent dans la décrépitude, la Tunisie a inauguré la législation et les codes de la France. En adoptant les institutions des nations occidentales, elle s'élève jusqu'à leur civilisation.

» Il est dérisoire de penser qu'un Etat ainsi organisé, et en réalité *complétement indépendant*, soit lié à la Turquie par une vieille tradition de suzeraineté, uniquement *nominale*. Ce n'est là qu'un mot illusoire, il est vrai, mais c'est un mot à effacer, et la Tunisie n'aura qu'à le vouloir pour qu'il disparaisse. »

C'est entièrement notre avis.

La conclusion se déduit donc tout naturellement de ce qui précède : il faut admettre la Tunisie comme Etat souverain et indépendant dans la grande famille des nations ; c'est un peuple qui s'affirme sous l'autorité intelligente de son Souverain. Nous ne pensons pas qu'après un examen impartial des faits et de la situation, on conteste la justice et la nécessité de la reconnaissance de la Tunisie comme indépendante. Notre but sera donc atteint si, au moyen des détails que nous avons fournis, nous avons pu faire passer notre conviction dans l'esprit de nos lecteurs, c'est-à-dire que des réformes, assises sur les grands principes de morale et d'équitable répartition, doivent produire immédiatement des résultats satisfaisants, et, en effet, n'est-il pas permis de résumer ainsi la situation politique qui commence à ressortir des premiers essais de la réforme ?

La liberté garantira la sécurité des personnes indigènes et étrangères, aussi bien que leur honneur, leurs biens, leur culte, leurs croyances.

L'équité amènera la proportionnalité répartie entre tous les citoyens, l'abolition des priviléges politiques et commerciaux, un système de conscription basé sur le sort.

La justice, rendue à tous par des tribunaux réguliers, assurera à chacun le jugement de ses pairs, permettra la libre défense des accusés et justifiera, aux yeux du coupable lui-même, l'arrêt qui le frappe.

L'arbitraire disparaissant pour faire place au droit ; les cultes libres ; la sûreté individuelle sauvegardée ; les biens garantis ; le service des divers ministères organisé ; les finances de l'Etat confiées à des mains sûres ; la situation des fonctionnaires assurée par les lois ; les droits et les devoirs des étrangers établis à Tunis définis et connus : tel est le but que s'est proposé l'auteur de la Constitution ; s'il l'atteint, — comme doivent le faire espérer les premiers essais de l'application du nouveau Code, depuis sa promulgation jusqu'à ce moment, — le Souverain actuel aura plus fait pour le bonheur de son pays et pour ses véritables intérêts commerciaux que par vingt conquêtes dues à la force des armes.

Comme tous les réformateurs, Mohammed-el-Sadok ne devait pas être exempt de critique ni manquer de détracteurs. Lorsque, à l'étranger, on lui rendait la justice qui lui est légitimement due, il rencontrait, dans le sein même de ses États, quelques-uns de ces esprits rétrogrades devant lesquels le progrès ne trouve jamais grâce : on n'a pas manqué de lui faire entendre des pronostics qui pourraient enchaîner l'ardeur d'un prince moins convaincu et moins résolu ; mais il n'en continue pas moins son œuvre, confiant dans Dieu « qui lit dans les cœurs. »

Avec un louable courage, il poursuit, sans relâche l'établissement des réformes qu'il croit utiles à l'intérêt de son gouvernement et au bonheur de son peuple. Il considère que l'heure est venue, où, sous peine de disparaître et d'être rayé de la liste des nations civilisées, un peuple doit participer au mouvement qui marquera, dans l'ère des temps, la trace du xixe siècle. Ces réformes, il les place, en vrai croyant, sous la protection divine, la meilleure des égides : « O Dieu ! accorde-nous ton aide, ton assistance et ta mi-
» séricorde ! Fais que cette œuvre produise ses fruits ! Nous te
» demandons ton appui pour cette tâche et te rendons grâces pour
» la mission que tu nous as confiée. »

PARIS. — IMPRIMERIE DE DUBUISSON ET C°, RUE COQ-HÉRON, 5.

www.ingramcontent.com/pod-product-compliance
Lightning Source LLC
LaVergne TN
LVHW051124060726
842526LV00006B/1892